Für die unbezahlbaren Inspirationen danke ich Phil, Laura, Jones, Rob, Lisa, Pascal samt Piratenmeute, Zita, Andrea und Marcus.

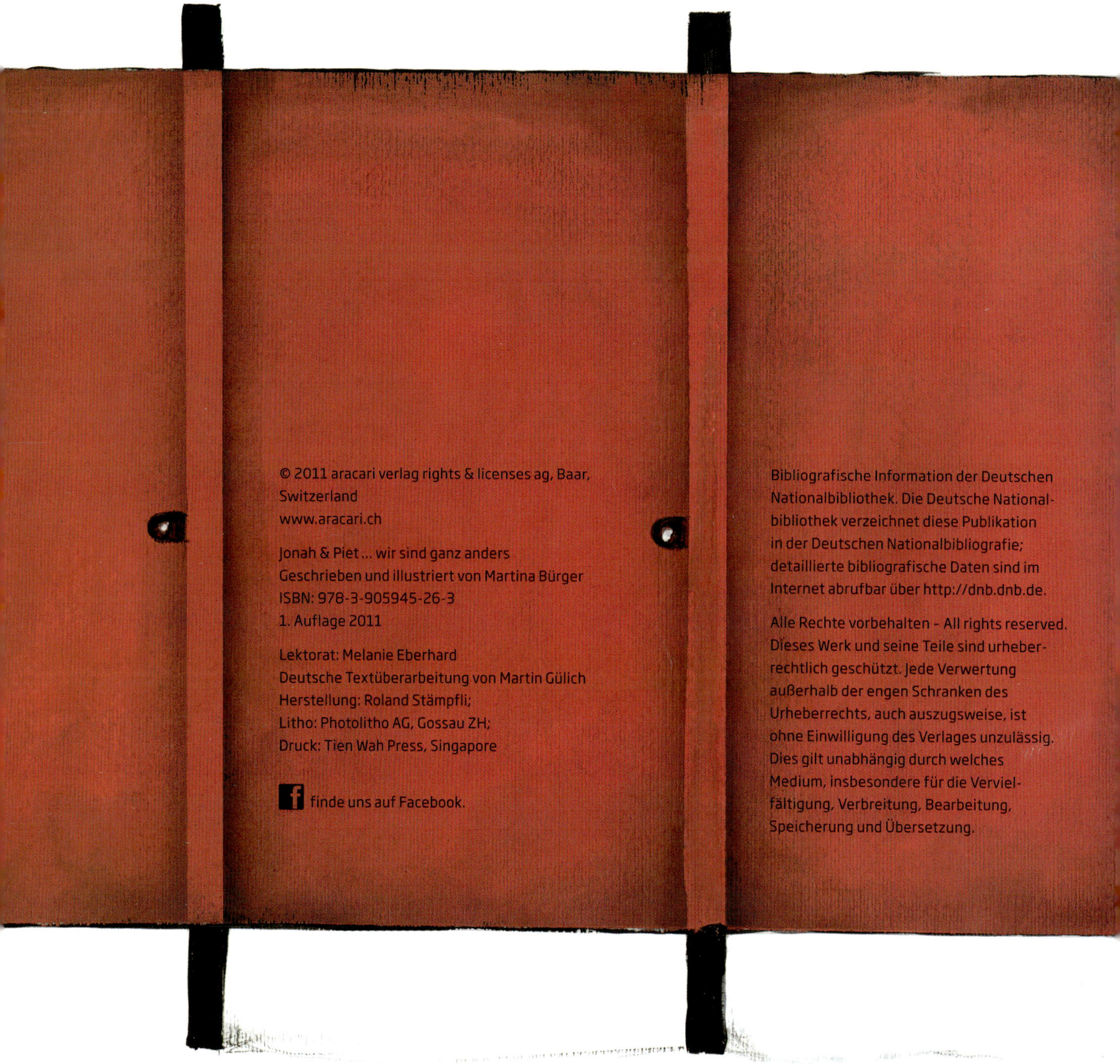

www.aracari.ch

Jonah & Piet ... wir sind ganz anders
Geschrieben und illustriert von Martina Bürger
ISBN: 978-3-905945-26-3
1. Auflage 2011

Lektorat: Melanie Eberhard
Deutsche Textüberarbeitung von Martin Gülich
Herstellung: Roland Stämpfli;
Litho: Photolitho AG, Gossau ZH;
Druck: Tien Wah Press, Singapore

finde uns auf Facebook.

Bibliografische Information der Deutschen Nationalbibliothek. Die Deutsche Nationalbibliothek verzeichnet diese Publikation in der Deutschen Nationalbibliografie; detaillierte bibliografische Daten sind im Internet abrufbar über http://dnb.dnb.de.

Jonah & Piet

...wir sind ganz anders

Text und Illustrationen von Martina Bürger

aracari verlag

Erste Stunde, neue Klasse. Schwimmunterricht.
Alle Kinder sind im Wasser, alle Umkleidekabinen sind leer.
Alle? Nein!
Da schauen doch noch zwei Paar Füße heraus.

»Ist da jemand?«, flüstert es aus der linken Kabine.
»Ja, ich«, antwortet es aus der Rechten.
»Wie heißt du?«, flüstert es aus der linken Kabine.
»Piet«, antwortet Piet aus der Rechten. »Und du?«
»Jonah.«

Jonah und Piet trauen sich nicht raus.

Jonah schaut an sich herunter.
Seine Badehose ist zu klein.
Alle Badehosen sind zu klein.
Kein Wunder, wenn man
so ein Klotz ist wie er.
Seine Schwerkraft
lässt sogar einen kleinen
Mond um ihn kreisen.

Piet hat Angst. Er ist zerbrechlich
wie ein kleines Mäuschen.
Deswegen heißt er auch Piet,
das klingt wie »Pieps«.

Der Sprungturm ist Piet zu gefährlich.
So weit oben verlässt ihn die Schwerkraft.

Ins Schwimmerbecken traut Piet
sich auch nicht.
Dort würde er sich sofort verschwimmen
und nie wieder
zurück zum Beckenrand finden.

(Vor dem Seepferdchen muss man sich in Acht nehmen. Am Anfang ist es noch nett zu einem. Steckt man den Kopf unter Wasser, bekommt man ein Abzeichen von ihm. Doch ist man größer, lauert es in den Untiefen und man muss es bezwingen. Wenn man nicht gefressen wird, bekommt man noch ein Abzeichen.)

Auch Jonah will nicht ins Schwimmer-
becken. Wenn er auf den Boden sinkt
und nicht von der Stelle kommt, verfangen
sich die anderen Kinder in seinem Haar.
Das ist so krauselig wie Kraut, so stachelig
wie Salzstangen und so dünn wie Spaghetti.

MIRACOOLESS

Piet fühlt sich manchmal auch wie eine Spaghetti.

Geht Jonah vor die Tür, muss er ganz vorsichtig auftreten, sonst löst er ein Erdbeben aus.

Geht Piet vor die Tür, muss er dicke Steine in die Taschen stecken, sonst fliegt er davon.

Am schlimmsten ist es im Zoo.

Überall kann man stecken bleiben.
Am Eingang. In Drehkreuzen.
Überall kann man übersehen werden.
Am Käfig. Vor Gitterstäben.
Und wenn der Elefant kommt, mit
seinem großen Rüssel, dann …

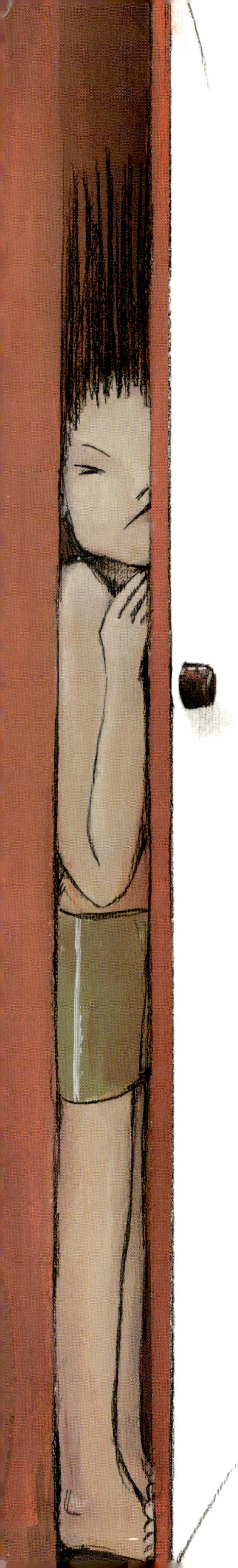

Piets Arm passt durch ein Nadelöhr.

Jonah passt nirgends richtig hin.

Jonah hat einen großen Bruder.

Der ist cool, hat einen Computer und eine Freundin. Jonahs Eltern finden auch alle cool. Sie haben ein Mobiltelefon, eine Firma und wenig Zeit.

Piet hat keinen Bruder und seine Eltern haben sehr viel Zeit.

Wenn man so ein Trampeltier
ist wie Jonah, wird man oft wütend.

Alles geht kaputt.
Alle nehmen Reißaus.

Wenn man so ein kleines Mäuschen ist wie Piet,
kann man niemanden retten.
Egal wie sehr man es auch versucht.

»Nicht einmal wippen kann ich«, sagt Jonah.
»Ich auch nicht«, seufzt Piet.
»Ich will sehen, wie winzig du bist«,
sagt Jonah auf einmal.

Piet überlegt. Hoffentlich zertrampelt
ihn Jonah nicht. Aber dann sagt er:
»Ja, lass uns raus gehen.«
Und Jonah sagt:
»Hoffentlich zertrampel ich dich nicht.«

Dann zählen die beiden bis drei.
Eins. Zwei. Drei …